図書館版

大人(おとな)になってこまらない

マンガで身(み)につく

整理(せいり)整頓(せいとん)

監修
辰巳 渚

マンガ・イラスト
大野 直人

金の星社

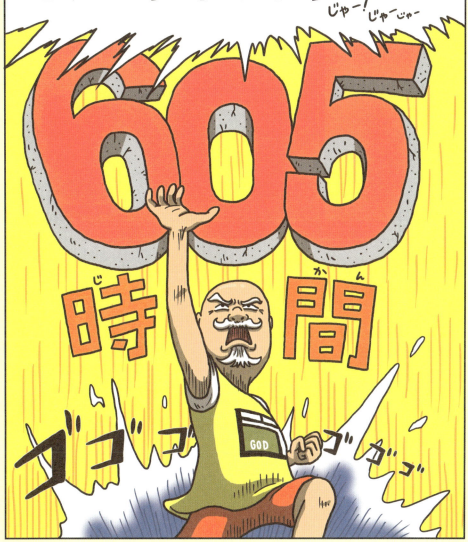

神のお告げ

わたしは、片づけの神じゃ。
これからわたしが、
カケルに 片づけの極意 を授ける。
じゃが、それぞれの家によって、片づけには
さまざまなルールがあるかもしれない。
君がじっさいにやってみるときには、
家の人に相談しながらやるんじゃぞ。

もくじ

- プロローグ　神のお告げ ……… 2
- この本に出てくる人たち ……… 9

第1章　まずは「分ける」がキ・ホ・ン

- どうして散らかるの？ ……… 14
- 子ども部屋にあるものを分けよう ……… 16
- 本当に使うかうたがってみる ……… 22
- いるものといらないもので分ける ……… 28
- なかまどうしで分ける ……… 30
- 分かれていると機能的 ……… 34
- なかま分けの練習 ……… 38
- ナギッシー情報局① キッズフリーマーケットに参加してみよう ……… 41
- 🐾 いきぬきマンガ オイラ 7テ吉① ……… 44

第2章　片づけのコツをつかもう

- どこになにを置くか決めよう ……… 46
- 机のまわりをスッキリさせる 動作は少なく1アクション！ ……… 48
- マンガコラム リビング学習 ……… 55
- ナギッシー情報局② 使いやすくきれいな本だなにする ……… 57
- コラム こんなときはどうする？ ……… 58
- 遊びやしゅみのものを整理する ……… 61
- 衣類の整理をする ……… 62
- コラム ミヨ子とミナヨの衣類のたたみ方 ……… 64
- コラム ミナヨちゃんの部屋 ……… 67
- ……… 68

自分にちょうどいい量をつかもう……72
なにをどれだけ持つかを知る……74
上手に買ってきちんと手ばなす……78
コラム 本や雑誌のしばり方……81
ものを大切にする片づけ……82
コラム 衣替えにチャレンジ！……84
片づいた状態をキープする……85
ナギッシー情報局③ あると便利な整理グッズ……86
いきぬきマンガ オイラ フテ吉②……91

第3章 いつでもどこでも心がけよう……94

いきぬきマンガ オイラ フテ吉③……96
学校でもきちんと片づけよう……98
勉強がはかどる机にする……101
コラム 学校で使った道具を片づけよう……102
ロッカーをきれいに使う……106
自分の部屋をそうじしよう……108

そうじの手順を覚える……113
ナギッシー情報局④ おすすめのそうじグッズ……116
家族みんなが気持ちよく暮らす……118
小さな心がけを大切にする……124
コラム 食器洗いを手伝おう……125
マンガコラム 真犯人を追いつめろ！……129
マンガコラム トツゲキ！わが家の冷蔵庫チェック！……130
家の人と約束する……134
《番外編》時間の使い方……137
いきぬきマンガ オイラ フテ吉（完）……138
エピローグ おわりに 片づけはおもしろい……142

この本に出てくる人たち

面堂 カケル
小学校5年生の男の子。片づけは大の苦手。片づけの神さまに出会い、徹底的に片づけを教えこまれる。
性格 おだてられるとノリやすい
しゅみ プラモデルづくり

片づけの神さま
片づけのあらゆる知識を持った神さま。カケルのだらしなさを見かねて降臨。楽しく片づけの極意を授けてくれる。
性格 陽気すぎるくらい陽気
自慢 ステキなあごひげ

フテ吉
面堂家の猫。無愛想だが、カケルとはなぜか気があい、いつもいっしょにいる。

クーリン
片づけの神さまの優秀な助手。片づけのポイントやコツをわかりやすく教えてくれる。

面堂家

面堂 ミヨ子
カケルの母親。明るくておおらか。アイドル好き。

面堂 ガリ助
カケルの父親。おとなしいが感動しやすい性格。

面堂 ミナヨ
カケルの姉。小学校6年生。片づけもお手伝いもできるしっかり者。

ナギッシー
面堂家のとなりに住むカリスマブロガー。

第1章

まずは「分ける」がキ・ホ・ン

なかま分けの練習

2つのグループに分ける

では、第1問！
ジャジャン！

ここにあるたくさんの食べものを、2つのグループに分けてください！

うわぁ〜、どれから食べようかな〜。

ショートケーキ

かつ丼

アイスココア

コーンスープ

オレンジジュース

ハンバーグ

アイスクリーム

ドーナツ

みそしる

カレーライス

ヒント
どんな味かな？
いつ食べるかな？

オイラにとってはすべてえさだ！

第1章 まずは「分ける」がキ・ホ・ン

おやつと食事の グループに分けたよ。

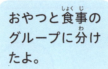

おやつグループ

食事グループ

いいぞ、カケル。おやつと食事に分けたんじゃな。

3つのグループに分ける

では、第2問！
ジャジャン！

今度は、この食べものを3つのグループに分けてください！

うーん、どう分けようかな？

アイスココア

サラダ

カレーライス

コーンスープ

みそしる

スナック菓子

せんべい

オレンジジュース

かつ丼

ドーナツ

ハンバーグ

アイスクリーム

ショートケーキ

冷やし中華

ヒント
グループを増やしたり、別の分け方にしてもOK！

第1章　まずは「分ける」がキ・ホ・ン

飲みもののグループを
つくったよ。

おやつ
グループ

食事
グループ

飲みもの
グループ

ふむふむ。特徴を見つけて
分類したんじゃな。
なかなかいいぞ、カケル！

オイラならこう分けるな。

冷たいグループ

常温グループ

温かいグループ

それはな、どっちも正解なのじゃ！

どっちが正解なの？

これを見よ！

分け方の正解はひとつではない！自分にわかりやすく分けられていればOKじゃ！

へえ〜、それならぼくにもできるかも。

分かれている と 機能的

家の間取りを見てみよう

1階

食べる、くつろぐ、勉強する、寝るなどの目的別に、家の中を分けているからこそ、住む人が過ごしやすくなるんじゃ。

2階

ごはんを食べるところとトイレを分けないなんて、きたないもんね。

🐾はオイラの昼寝場所だ。

どんなふうに分かれている？

町の中にも、利用しやすく分けられているところがいろいろあるぞ。ちょっと見てみようかのう。

家電量販店の案内板

6F	冷蔵庫　洗濯機　エアコン　掃除機
5F	調理家電　理美容器具　健康器具
4F	ゲーム機　ゲームソフト　おもちゃ
3F	デジタルカメラ　ビデオカメラ　ミニコンポ
2F	テレビ　ブルーレイレコーダー
1F	携帯電話　スマートフォン　パソコン　プリンタ
B1	日用品　化粧品　ペット用品　文房具　食料品

これを見れば、どこに行けばいいか、すぐにわかるね。

お店には、こんな案内板があるじゃろう？お店にくる人の目的にあわせて、商品をグループ分けして置いてあるんじゃ。

オイラのえさは何階だ？

図書館の本は、内容別に0～9の数字で大まかにジャンル分けされているんじゃ。
こんな数字のラベルを見たことがあるじゃろう？

あー、あるある！

ここに注目‼

ラベルの左はしの数字が、大まかに分けたジャンルじゃ。数字には、このような意味がある。
この数字を元にして、にた内容の本が、同じ場所に集められているんじゃよ。

図書館の分類表

数字	ジャンル
0	総記
1	哲学・宗教
2	歴史・地理
3	社会科学
4	自然科学
5	技術・工業
6	産業・交通
7	芸術・体育
8	言葉
9	文学

〈日本十進分類法より〉

あっ！
本だなにも数字がついてるよ。

25　第1章　まずは「分ける」がキ・ホ・ン

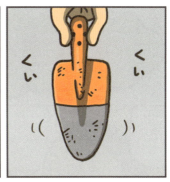

使う目的ごとに分ける

よし、全部出しきったな。
ここから使う目的ごとに、5つのグループに分けるぞ。

す、すごいな……。

❶ 勉強・学校に関するもの
教科書・ノート・文房具など

❷ 習いごとで使うもの

塾で使うドリル・習いごとで使う道具など

塾のドリル

スイミングで使うもの

書道セット

❸ 本・雑誌

教科書や参考書以外の本・雑誌など

❹ 遊び・しゅみのもの

おもちゃ・ゲーム・しゅみで集めているものなど

いるもの と いらないもの

見分けるポイント

❶ 勉強・学校に関するもの

ワンポイントアドバイス
ストック箱をつくろう!

未使用のものはストック箱をつくって保管するんじゃ。

いつも買うまえにここをチェックしよう!むだに買わなくてすむよ!

❷ 習いごとで使うもの

使っている道具など

　書道セット

　スイミングのセット

　使っているドリル

　サイズが小さくなった水着やゴーグル

　使いおわって必要のないドリル

❸ 本・雑誌

　お気に入りの本

まだ読む本

いる

　もう読まない本　古い雑誌

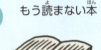　よごれのひどい本

　ちっさ…

いらない

❹ 遊び・しゅみのもの

こわれているものや、もう使わないと思うものはないかな？

いる

　完成したプラモデル

　遊んでいるゲーム

　集めているフィギュア

　こわれて直せそうにないもの

　もう見たり聞いたりしないDVDやCD

　中身が固まってしまったボンド

いらない

36

❺ 衣類

いる
- よごれがなくきれいなもの
- サイズがぴったり
- 気に入ったデザインの服
- 着やすくてよく着る服

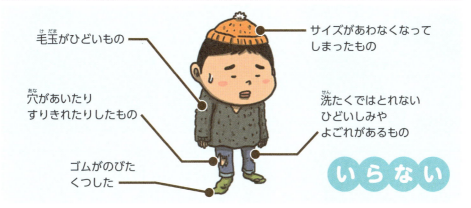

いらない
- 毛玉がひどいもの
- サイズがあわなくなってしまったもの
- 穴があいたりすりきれたりしたもの
- 洗たくではとれないひどいしみやよごれがあるもの
- ゴムがのびたくつした

決められないものは、一時保管じゃ！

すぐに決められないものもあるじゃろう。そういうときは、箱などにつめて一時的に保管するんじゃ。

いるかなー？

第1章 まずは「分ける」がキ・ホ・ン

本当に使うかうたがってみる

捨てられない人はこんな人

こんなふうに「いるもの」に分けてない？

とりあえず置いておく

 ピースが足りないのに？

いつか使う

 いつかって、いつですか？

好みではないけれどまだ使える

 本当に使いますか？

大好きでどうしても捨てられない

 そんなに好きなら……

1年以上使っていなければ、「いらないもの」にするんじゃ。

どうしても決められないものは、残してもOKです。

いらないものの行き先は？

あげる・売る

はーい。

まだ使えるもの、きれいなものは捨てずに再利用するんじゃ！家の人に相談することを、ぜったいにわすれるでないぞ。

使ってくれる人にあげる

リサイクルショップなどに売る

バザーに出す

捨てる

使いきったものには、きちんとお礼をいって捨てるんじゃ。

長い間ありがとう。

捨てるときは、地域の分別ルールを守ろう！

はーい！ナギッシーです。片づけに関する情報を教えちゃいます！

キッズフリーマーケットに参加してみよう

片づけをしていて、いらないものがたくさん出てきたら、キッズフリーマーケットで売ってみるのもおもしろいよ。

①
インターネットなどで開催予定を調べる

キッズフリーマーケット（通称キッズフリマ）とは、**子どもたちだけで行うフリマ。** 売るのも買うのも子どもたちだけ！

②
パソコンや電話などで予約する

③
価格を決めて値札をつける

④
ならべて売る

収入（売れたお金） − 支出（使ったお金） ＝ 利益（もうけたお金）

終了したら、お金の計算をしてみよう！

第1章　まずは「分ける」がキ・ホ・ン

第2章
片づけのコツをつかもう

机のまわりをスッキリさせる

※個人差があります

なかまどうしは同じエリアへ

ものの住所とは、ものの定位置ということじゃ。まずは、なかまどうしのものを、同じエリアにまとめて置くようにするんじゃ。

本・雑誌のエリア

勉強・学校に関するもの、習いごとに使うもののエリア

衣類のエリア

遊び・しゅみのもののエリア

ふっ、かんたんだな。

近くにまとめるんだね。

大きなグループを小さく分ける

勉強机に置くもの(大グループ)を3〜5つの小さなグループに分けるんじゃ。細かく分けすぎないようにな。

大グループ

教科書・ノート・参考書・辞書

ファイル・プリント

塾のドリル

文房具

よく使う

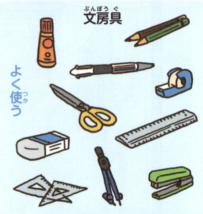

ときどき使う

ラジャー!!

こうすると置く場所が決めやすくなるんです。新聞紙を広げた上などで分けてみてくださいね。

勉強机の整理

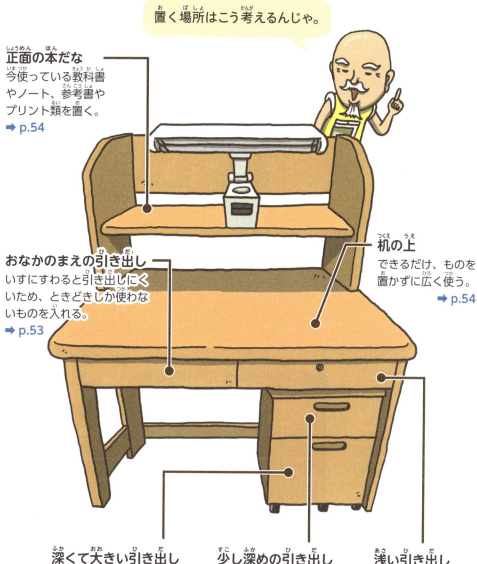

置く場所はこう考えるんじゃ。

正面の本だな
今使っている教科書やノート、参考書やプリント類を置く。
→ p.54

おなかのまえの引き出し
いすにすわると引き出しにくいため、ときどきしか使わないものを入れる。
→ p.53

机の上
できるだけ、ものを置かずに広く使う。
→ p.54

深くて大きい引き出し
使いおわった教科書やノート、かさばる大きなものを入れる。
→ p.53

少し深めの引き出し
やや大きめの文房具を入れ、あとは自由スペースとして使う。
→ p.52,68

浅い引き出し
もっともよく使う文房具を入れる。
→ p.52

引き出しの整理

引き出しの深さにあわせて、入れるものを決めるんじゃ。よく使うものほど、手前に置いて、出し入れしやすくな。

浅い引き出し

もっともよく使う文房具を入れよう

奥 ← 少ない
使う回数
多い → 手前

少し深めの引き出し

大きめの文房具を入れよう

自由スペース

自由スペースには、なにを入れようかな。

深くて大きい引き出し
重いものや保管するものを入れよう

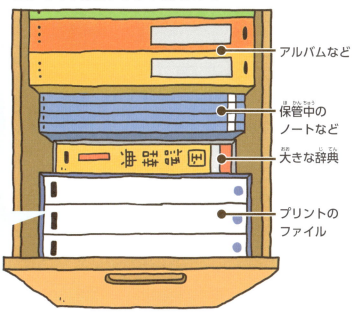

- アルバムなど
- 保管中のノートなど
- 大きな辞典
- プリントのファイル

保管するプリントは種類別にファイルにとじる。

↓

ファイルボックスへ。

おなかのまえの引き出し
ときどきしか使わないものを入れよう

ストック箱

ワンポイントアドバイス
仕切りを使おう

引き出しにそのまま入れて使えるトレイは便利！

空き箱でもOK！

ごちゃまぜにならないぞ！

机の上と正面の本だなの整理

ワンポイントアドバイス
プリントを整理しよう

ランドセルや手さげかばんの置き場所

手さげかばん

勉強机のそばに置いてあれば使いやすいな。

定位置を決めたら、かならずそこに置くんじゃ。

ランドセル

リコーダーやそろばん

スイミングの袋や体育着袋

ポールハンガーにかける

こんな置き場所もあるよ

専用のたなへ置く

勉強机のわきにあるフックへかける

ほう。

はーい！またまた登場です。今回は注目の「リビング学習」を紹介します！

リビング学習

リビングで勉強をするのが「リビング学習」。食事をするテーブルを使う場合や、リビングに勉強机を置くこともあるよ。

リビング学習のいいところ

- 雑音の中で勉強すると集中力が身につく！
- 集中力がアップして勉強がはかどる！
- わからないことを家の人にすぐ質問できる！
- 遊びなどの誘惑がない！

視界の前方に、なにもない状態がベスト！

こんなふうにするといいよ

リビングは家族がくつろぐ場所。みんなが気持ちよく過ごせるようにね！

勉強したあとは、きれいにそうじしよう！

勉強道具を箱などに入れておくと、出し入れがしやすく、移動にも便利！

使いやすくきれいな本だなにする

きれいに片づいた本だな

ほんとだー。
書名がきちんと見えるほうが使いやすいじゃろう？

片づけたあと

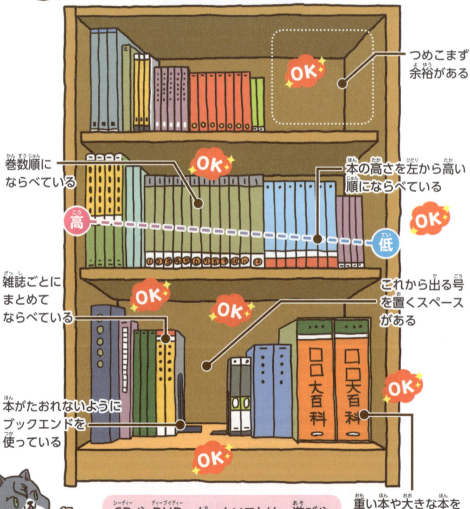

- つめこまず余裕がある
- 巻数順にならべている
- 本の高さを左から高い順にならべている
- 雑誌ごとにまとめてならべている
- これから出る号を置くスペースがある
- 本がたおれないようにブックエンドを使っている
- 重い本や大きな本を下の段に置いている

CDやDVD、ゲームソフトは、遊びやしゅみのエリアに移動したんですね。

遊びやしゅみのものを整理する

入れものを使って整理する

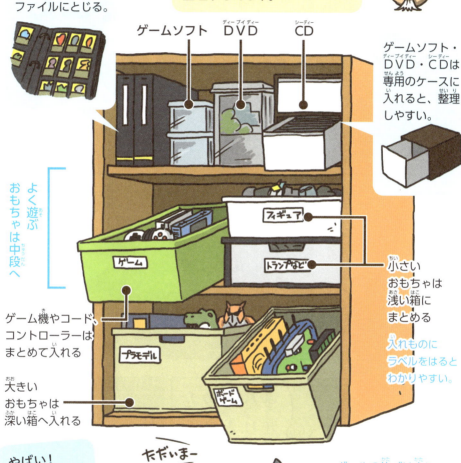

箱やかごなどの入れものを使って、サイズや種類ごとに整理するんじゃ。

トレーディングカード
ポケットに入れてファイルにとじる。

ゲームソフト
DVD
CD

ゲームソフト・DVD・CDは専用のケースに入れると、整理しやすい。

よく遊ぶおもちゃは中段へ

ゲーム機やコード、コントローラーはまとめて入れる

大きいおもちゃは深い箱へ入れる

小さいおもちゃは浅い箱にまとめる

入れものにラベルをはるとわかりやすい。

やばい！お母さんだ！

ただいまー

ボールの片づけ方についてはP.91を見てね！

リビングでゲームをするときは、箱ごと移動するといいですよ。

衣類の整理をする

引き出しに分けて入れる

タンスの引き出しには、こんなふうに分けて入れるといいぞ。

❶ 下着などの小物やパジャマ

ハンカチ　　パンツ　　くつした

パジャマ

❷ Tシャツなど

タンクトップ　　長そでTシャツ

Tシャツ

シャツ

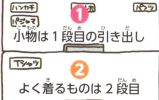

❶ 小物は1段目の引き出し
❷ よく着るものは2段目
❸ 厚手のものは下の段
❹ その他のものは1番下

引き出しにラベルをはるといいよ！

❸ ズボンやトレーナーなど

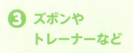

ズボン

パーカー

トレーナー　　スウェットパンツ

❹ その他

体育着

ジャージ

冬はセーターなどのニットを入れる。

引き出しが少ないときの分け方

❶ うすい生地のもの
❷ 厚手のもの

❶ 下着やパジャマ
❷ 上に着るもの
❸ 下にはくもの

第2章　片づけのコツをつかもう

引き出しの整理

整理のポイントは、たった2つだけじゃ！

仕切る
仕切ると列がくずれない！

ずらして入れる
ずらして入れると見つけやすい！

ずらしながら重ねて入れる

空き箱などで仕切る。

着たい服がすぐに見つかるね！

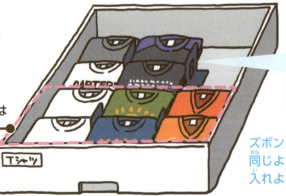

よく着るものは手前の列へ

ブックエンドを使って仕切る。

ズボンやトレーナーも同じようにずらして入れよう！

ミヨ子とミナヨの衣類のたたみ方

パンツ

Tシャツ・タンクトップ

長そでTシャツ・トレーナー

ズボン

くつした

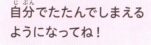

自分でたたんでしまえるようになってね！

なれればかんたん！

ミナヨちゃんの部屋

ようこそ、わたしの部屋へ！
女の子の部屋の整理について、
さっそくご案内しまーす！

机の引き出し

- スタンプやインク
- スケジュール帳や写真帳
- きれいなリボンやマスキングテープ、シュシュなど
- スケジュール帳にはるキラキラシール

勉強机の少し深めの引き出しは、かわいい文房具や雑貨など、好きなものを入れるスペースにしてるの。

遊び・しゅみのたな

かごのままたなへ

休みの日に使うメイクの道具やポーチは、まとめてかごに入れてるのよ。

クローゼット

季節によって入れ替える衣類など

よく着るものはまんなかへかける

宝ものの箱

クローゼットを整理するときは、S字フックも便利（p.91 も見てね）

半透明の引き出しには内側にかわいい紙などをはって目かくしに

はしのほうにはかさばる上着やおでかけ着

お気に入りのバッグやぼうしはまとめてかごに

手が届かないところは、お母さんに出し入れしてもらってるの。

女の子の衣類のたたみ方

スカート

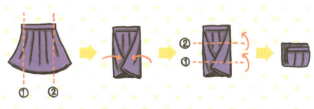

キャミソール

たたんでからひもを内側へ

もーっ！毛だらけになっちゃうでしょ！クローゼットに入っちゃダメ！

> **フデキチメモ**
>
> ものの置き方は出しやすくしまいやすくか。
> たったそれだけだがけっこう快適だな。

自分にちょうどいい量をつかもう

え？ウソ!? せっかく新しいマグカップ買ったのに

しまうスペースがないわ…

よく見ておけ あれがまさに悪い見本じゃな

ちゃんと片づけてないってこと？

いや…そうではない

収納スペースに対する持つものの量を理解していないということじゃ

……

えーっ なんだかむずかしそー

なにをどれだけ持つかを知る

ちょうどいい量の目安

今使っているものがすべて入りきるのが、ちょうどいい量の目安じゃ。
具体的にカケルの机やたなで見ていくぞ。

教科書・ノート・プリントなど

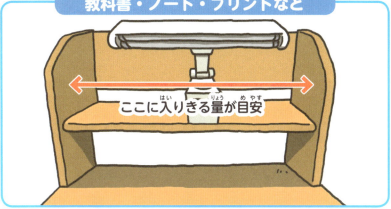

ここに入りきる量が目安

目標はスペースの **7割** じゃ!!

プリント

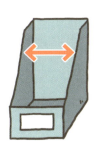

ファイルボックスに入りきる量が目安

余裕をもって入れてあれば、とりだしやすいんじゃ。

本・雑誌

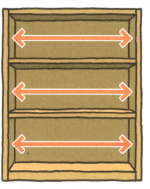

本だなに入りきる量が目安

文房具

引き出しに、こんなにたくさん文房具を入れてはいかーん！7割をめざすのじゃ！

下にあるものが見えないもんね。

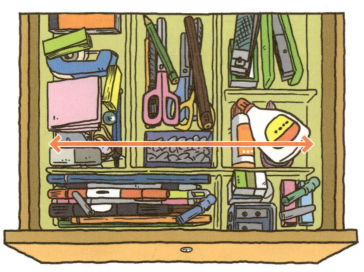

引き出しに入りきる量が目安

ときどき、いらないものがないかをチェックするんじゃ。

少なくするには、どうしたらいいの？

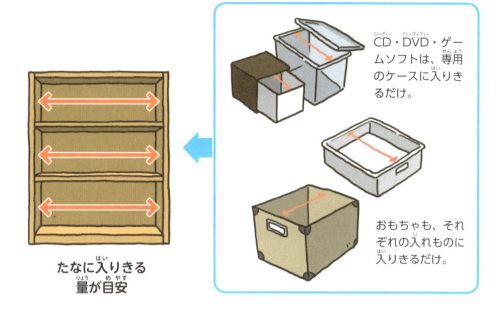

上手に買ってきちんと手ばなす

買うまえに思いだそう

① しまうところ あったかな？

② 置くところ あったかな？

③ ストック あったかな？

文房具などのストックは、今使っているもののほかに1つあればOKです！ なくなってから買うのが、ものを増やさないコツですよ。

はみだしたら手ばなす

あー、どうしよう。今日買ったゲームソフト、ケースに入らないや。

ちょうどいい量をキープするコツは、決めた量をはみだしたら、手ばなすことじゃ。

そうだ！もう遊ばないゲームソフトをバザーに出そうかな。

ワンポイントアドバイス 増やさない努力を続けよう

1つ入れたら

1つはみだす！

いつも増やさないように気をつけていると……

1つ入れても

すぐに出さなくてもだいじょうぶになる！

失敗も経験じゃ。だんだん自分にとっての「ちょうどいい量」が、つかめるようになるぞ。

本や雑誌の しばり方

本や雑誌を捨てるときは しっかりしばろう！

①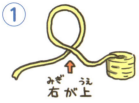

ひもを少し長く出して輪をつくり、絵のように交差させる。

②

本を輪にくぐらせ、交差させたひもの上に置く。

③

輪が本のまんなかにくるようにする。

④

ひもの両はしを横に強く引っぱる。

⑤

同じ長さで切る。

⑥

右のひもを上（向こう側）、左を下（手前）に向ける。

⑦

上のひもを絵のようにくぐらせる。

⑧

下のひもを絵のようにくぐらせる。

⑨

たてに強く引っぱり、1回かた結びをする。

まんなかでちょう結びにして完成！

ものを大切にする片づけ

ものを長持ちさせるには

ぜったいにこんなことをしては、ダメじゃぞ！

ギクッ！

机の引き出しにぎっしりつめこむ

ものを乱暴にあつかう

タンスの引き出しに服をむりにつっこむ

きれいなものと、よごれたものをいっしょにする

型くずれしやすい衣類をてきとうに置く

かばんの中にものを入れたままフックにかける

よごれたり、こわれたりして、ものがかわいそうですね。
長持ちするように、大切に使ってあげてください。

衣替え に チャレンジ！

春夏と秋冬の衣類を入れ替える年中行事が「衣替え」。まだ着るかどうかをチェックするタイミングとしても、ちょうどいいぞ。家の人とチャレンジしてみるのじゃ。

いつするの？
5月と10月の年に2回
天気のいい日にしよう！

しまう服をチェックしよう！

☐ サイズはあっている？
☐ よごれていない？
☐ やぶれたところや穴はない？
☐ まだ着る？

いるもの

クリーニングに出していたもの
陰干しをして湿気をとってからしまう。

洗たくできるもの
きれいに洗ってからしまう。

陰干しは日陰に干すこと。衣類は、直接日光にあてると色があせたり、形がくずれたりするので気をつけましょう。

いらないもの

思いきって捨てる！
p.40〜41も見てね

84

片づいた状態をキープする

片づけのタイミング

えーっ めんどくさい あとでやるよー

ばかもーん！片づけるタイミングがわからないやつは初級からじゃ！

初級レベル

注意されたときに、すぐやる！

中級レベル

毎日寝るまえの5分間を片づけタイムに！

上級レベル

気がついたときに、いつでもやる！

こんなときはやめておこう

時間に余裕がないとき

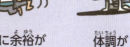
体調が悪いとき

散らかりはじめたサイン

むむっ！ こんなサインを見逃さないようにすることも大事じゃぞ！

つっこみ

はみだし

入れすぎやねーん！！
ベロ〜

重ね置き

ぐら ぐら

床置き

ゴゴゴゴ

プチそうじのススメ

うんとよごれてから、一気にそうじするのは大変じゃろう？「気づいたらやる」といいぞ。

たしかに！だからプチか。

さっとふく

よごれに気がついたときにティッシュなどでさっとふく

ゴミを拾う

ゴミを見たら、すぐに拾う！見て見ぬふりをしない

こまめにゴミ箱を空にする

ゴミがあふれたら床がよごれてしまうよ

うっかりゴミ箱をたおしてもゴミがなければセーフ！

今回は、整理グッズの紹介でーす！ためしてみてくださいね！

あると便利な整理グッズ

仕切りや分類に大活躍！

ファイルボックス

引き出しに入れて使うのにぴったり！
ファイルなどを立てて整理できる。

クリップボード / クリアファイル

どちらもプリントの整理に使うといいよ。

ブックエンド

本や衣類の仕切りに大活躍！

イチおしグッズ！

大事なことがひと目でわかる！

コルクボード

時間割やプリント、メモなどをはって整理。
お気に入りの写真なども！

いろいろ引っかけて超便利！

S字フック

種類が豊富で、手軽に使える！

S字フックは、かばんかけや洋服かけに。長い棒をかけて、高さを調節しよう。

ここにもS字フック！

ワイヤーラック

かべなどに設置し、ワイヤーにS字フックをかけて使うと便利。ボールなどもかけられる。

第3章

いつでもどこでも心がけよう

勉強がはかどる机にする

机の中を片づけよう

ひどい机じゃのう。勉強に必要なものをとりだしやすくするんじゃ。

机の中はこう整理しよう！

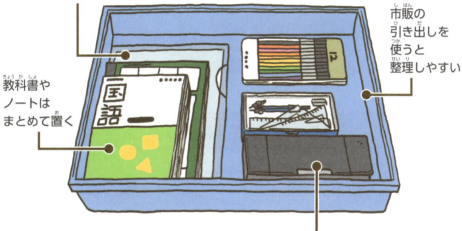

プリントはクリアファイルに入れる

教科書やノートはまとめて置く

市販の引き出しを使うと整理しやすい

文房具はよく使うものを手前に置く

学校の決まりで引き出しが持ちこめないときも、机の中にこの配置で置くといいよ。

プリントは目的別に分けよう

クリアファイルを2つ使って、プリントを分けるといいですよ。

家に持って帰るもの

学校に提出するもの

筆箱の整理

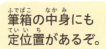
筆箱の中身にも定位置があるぞ。

- 消しゴムやえんぴつけずりは仕切りの中へ
- 下の段にはえんぴつ以外の文房具
- 定規はポケットへ
- えんぴつはホルダーに差しこむ

ランドセルを整理しよう

- サイズの大きいものを背のほうへ入れる
- 筆箱は大きいポケットへ
- 防犯ブザーは手が届くように肩ベルトにつける
- 袋などはフックにかける
- 小物は小さいポケットへ

教科書やノートは、サイズごとにそろえて入れるんじゃ。

学校で使った道具を片づけよう

みんなで使うものは、きちんと元の場所にもどすのじゃ。

ボールなどの体育用具

ボールをしまうときは数をたしかめる

重いものは協力しあう

理科の実験道具

ビーカーなどは洗ってふせる

火を使ったものはさましてからもどす

そうじ用具

そうじ用具は決まった位置にもどす

ロッカーをきれいに使う

ロッカーの使い方

1日のうち、何回くらい使うかで、入れるものを決めるのよ。

ピロリロ

ロッカーに入れるもの

1日のうち、1回くらいしか使わないもの

書道セット

体育着

読書用の本

ランドセル

おりたたみがさ

さいほう箱

リコーダー

なわとび

ほぼ毎時間使うものは、机の中に入れよう。

ロッカーの整理

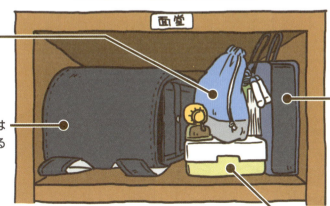

軽いものは上に置く

ランドセルは片側によせる

立てて置くものはまっすぐに

重たいものは下に置く

学校やクラスで、机やロッカーに入れてよいものが決まっている場合は、かならずその決まりを守ろう。

フデ吉メモ

学校も家も
片づけておけば
わすれものや
なくしものがなくなる。
落ちつきのある
いい男になれる！

そうじの手順を覚える

そうじの準備をしよう

よーし、やるぞー！

おい、まて！よごれがひどいときは、しっかり準備するのじゃ！

正しいかっこう

- 三角巾やバンダナでほこりをよける
  かみの毛が長い人は、うつむいたときに落ちないようにしばろう。
- ほこりをすわないようにマスクをする
- そうじ用のエプロンをすれば服がよごれにくい
- 服装は動きやすくよごれてもいいもの
  長そでのときはそでをまくる。
- ゴム手袋で手あれやけがを防ぐ

毎日のそうじなら、動きやすい服だけでもOKですよ。

使うもの

ぞうきん
うす手の古いタオルを折りたたんで使う。

バケツ

そうじ機

ほこりをとるモップなど

洗剤

そうじを始めよう

ほこりがたつので、部屋のまどをあけてから始めるぞ！

ハイ!!

手順1 ゴミを拾う

このときに「もう使わないもの」をチェックして、ゴミならば捨てるんじゃ。

うむ！ いいぞ！成長がうかがえる片づけっぷりじゃ！

手順2 散らかっているものを片づける

手順3 ほこりをとる

高いところから低いところへ、順にモップをかけよう。

すごいほこりじゃのう。

ほこりが下に落ちたところで、そうじ機の出番じゃ！

はーい。

手順4　床にそうじ機をかける

ベッドの下や机の下もきちんとかける

ものをどかしてかける

ゆっくり動かしてすいこむ

すみっこやすきまは細いノズルにつけかえる

手順5 本だなや机をふきそうじする

ぞうきんのしぼり方

手首を内側に
きゅっとひねる！

ぞうきんをぬらし、たてに持ってかたくしぼる。

かたくしぼらないと、
水ぶきのあとが残るぞ。

洗剤を使うときは、使用上の
注意をよく読んで使おう！

勉強机のふき方

矢印のようにふくと、
すみずみまできれいにふけるよ！

正面のたなをふいてから
机の上をふく。

本だなのふき方

上から → 下へ

奥のほうまで
きちんとふこう！

中の本を出し、絵のように
上の段からふいていく。

仕上げとして、最後に床の
ぞうきんがけをしましょう。

最後は、そろえておくと便利なそうじグッズの紹介ですよ！

おすすめのそうじグッズ

イチおし！

ぞうきん

ぬったぞうきんは、かわきにくく、すぐにくさくなるため、うす手の古いタオルを折りたたんで使うのがおすすめ！

カーペットクリーナー

表面が粘着テープになっていて、じゅうたんなどのゴミをとるのに便利！

荒神ぼうき

長さ20cmほどの小さなほうき。消しゴムのかすなどのゴミを、さっとはらえる。

ハンディモップ

勉強机や本だななどのほこりをとる。

はたき

高いところのほこりをはらう。

古い歯ブラシ

まどのサッシレールなど、細かいところのよごれをかきだす。

床用モップ

シートの種類は、からぶき用や水ぶき用などいろいろ。

モップの先にシートをつけて、フローリングやたたみのよごれをとる。

そうじも楽しくね！

こんなのもあるよ！

スリッパ型のモップ

はいて歩くだけで床そうじ！

小さな心がけを大切にする

みんなで守りたいこと

さあみんな！
声に出していってみるんじゃ！

みんなの場所に
個人のものを置かない！

みんなが使うものを
出しっぱなしにしない！

どんなときでも
かならず定位置に
置くんじゃぞ！

あら、わたし
なにしてるの
かしら……。

もうほんとに
これだけ!!

食後の片づけを手伝う

食器を運ぶとき

- たくさん持たず少しずつ運ぶ
- あわてずにゆっくりと運ぶ
- 食器は静かにていねいにあつかう
- 油っぽいものは重ねない

家におぼんがあれば、おぼんにのせて運ぼう。

さらに家の人がよろこぶこんな心がけもあるぞ！

 なになに？

テーブルをふく

ひどいよごれはティッシュでふきとる

テーブル用のふきんをかたくしぼって水ぶきする

アルコール除菌シートを使ってもOK！

調味料を片づける

テーブルの上のトレイにもどす

冷蔵庫に入れるものは定位置にもどす

そうそう、そこよ〜。

まかせなさい
 よろしくね！

食器洗いを手伝おう

洗うときの準備

では始める！
長そでのときはそでをまくる
エプロンをつける
手あれをする人はゴム手袋をしよう。

手順1 ひどい油よごれはティッシュでふきとる

手順2 洗剤をスポンジにつけてよく泡立てる

手順3 スポンジに油よごれがうつらないよう順序に注意しながら洗う

  →   →

コップやこわれやすい食器から洗う。 油よごれのない食器を洗う。 最後に油よごれのある食器を洗う。

手順4 全部洗ってからまとめてすすぐ

手順5 すすぎおわったらかごにおく

コップやおわんはふせて、お皿は立てよう！

 おわったー
 ありがとー

124

洗面所で心がけること

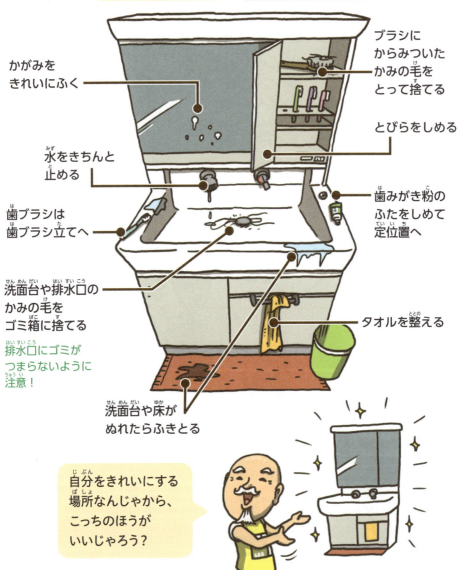

まだまだ、家の中で気をつけることが、たくさんあるぞ。

あとに使う人のことを考える習慣をつけましょうね。

- かがみをきれいにふく
- ブラシにからみついたかみの毛をとって捨てる
- とびらをしめる
- 水をきちんと止める
- 歯みがき粉のふたをしめて定位置へ
- 歯ブラシは歯ブラシ立てへ
- 洗面台や排水口のかみの毛をゴミ箱に捨てる
- 排水口にゴミがつまらないように注意！
- タオルを整える
- 洗面台や床がぬれたらふきとる

自分をきれいにする場所なんじゃから、こっちのほうがいいじゃろう？

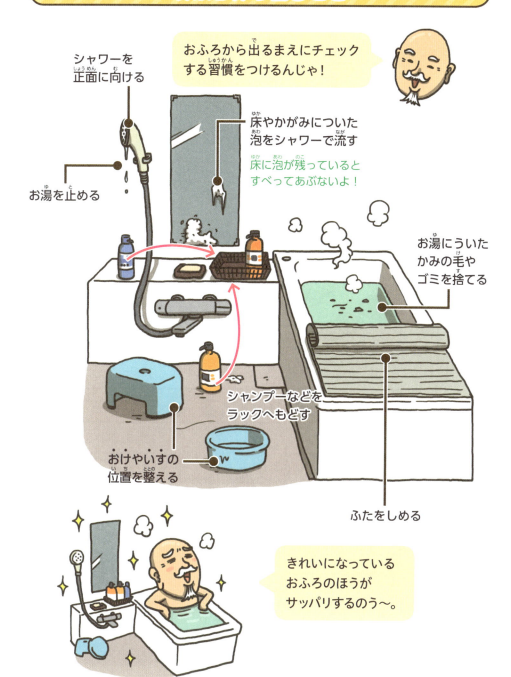

トイレをきれいに使う

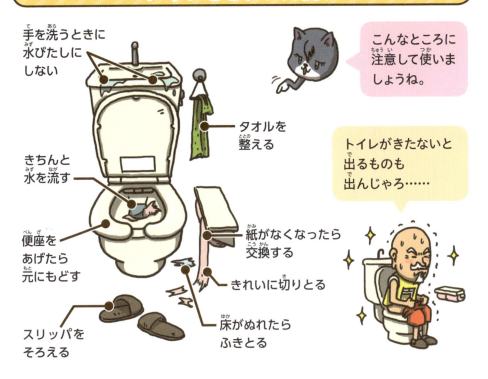

- 手を洗うときに水びたしにしない
- タオルを整える
- きちんと水を流す
- 便座をあげたら元にもどす
- 紙がなくなったら交換する
- きれいに切りとる
- 床がぬれたらふきとる
- スリッパをそろえる

こんなところに注意して使いましょうね。

トイレがきたないと出るものも出んじゃろ……

玄関を整える

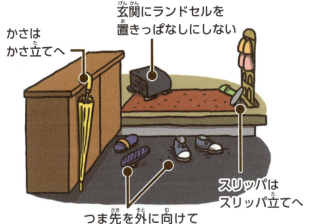

- かさはかさ立てへ
- 玄関にランドセルを置きっぱなしにしない
- つま先を外に向けてくつをそろえる
- スリッパはスリッパ立てへ

これで福の神もきやすくなったのう！

マンガコラム
真犯人を追いつめろ！

家の人と約束する

自分の考えを伝えよう

勉強机の上に置いたものを勝手に捨てないでほしい。

本日の議題

チラシなんていらないと思ったから捨てたのよ。

これからはこの箱に入れるようにするから、中のものはチラシでも捨てないで。

交渉

すぐにその箱にたくさんためこむんじゃないの？

いらなくなったら、ちゃんと自分で捨てるよ。

交渉成立

じゃあ、お母さんも勝手に捨てないわ。

約束！

約束！

自分のものは自分で管理できる人間になるんじゃぞ！

第3章 いつでもどこでも心がけよう

番外編 時間の使い方

「使える時間」を有効に使う

毎日の日課＝ほぼ同じ時間に行う

毎日の日課以外の時間が「使える時間」じゃ。つまり、「使える時間」とは、なにをしてもいい自由な時間じゃな。さて、なにをする？

これ以外が「使える時間」

●「やるべきこと」と「やりたいこと」を書きだそう！

「やりたいこと」よりも優先する！

やるべきこと
- 宿題
- 勉強
- お手伝い
- 習いごと

やりたいこと
- アニメのＤＶＤを見る
- ゲームをする
- マンガを読む
- プラモデルづくり
- カードを買う
- 公園で遊ぶ
- 好きなテレビ番組を見る

やることに優先順位をつけたら、「使える時間」のどこでやるかを考えるんじゃ！

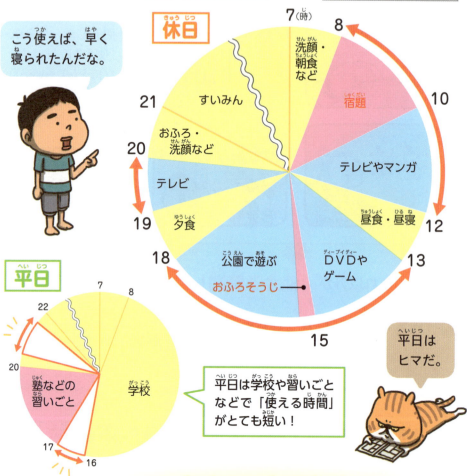

おわりに

片づけはおもしろい

本を読み終わって、片づけのことが少しでも「おもしろいな」と思ってもらえましたか？ 片づけの神さまのように、楽しく教えてくれる先生がいたら、だれもが苦手を克服できてしまうことでしょう。

じつはわたしも、片づけがそんなに得意というわけではありません。どんどんものを捨てたり、単にものを少なくしたりすることだけがいいとは思っていないのです。

もちろん、持ちものが少なければ、それだけ散らかることはないかもしれません。けれども、わたしたちは、毎日たくさんのものを使いこなしながら、家族や友だちと暮らしています。ものと人間は、切っても切れないなかよしなんですね。カケルくんが「いるもの」と「い

らないもの」を見分けたとき、そのものについてじっくりと考えました。自分にとって、どんなものが大事で、どんなふうにそれを使っていくか。自分の持ちものに興味を持つことは、「自分自身」を発見することでもあって、案外楽しくておもしろいことなのです。みなさんもやってみると、きっとそう感じると思います。

これから大人になるにつれて、必要なものや、ほしいと思うものがどんどん増えていくでしょう。でも、今のうちから片づけの技をしっかり身につけておけば大丈夫。この本を楽しく読んで、ものを通して自分の生き方をしっかりつくっていけるあなたに、少しずつ進化していってください。

監修　辰巳　渚

監修　辰巳 渚（たつみ なぎさ）

生活哲学家。文筆業のほかに、一般社団法人生活哲学学会代表、株式会社家事塾代表として、生活に関する講座の運営や企業の商品開発協力などを行う。130万部のベストセラーとなった『「捨てる！」技術』(宝島社)や、『おてつだいの絵本』（金の星社)、『子どもを伸ばす毎日のルール』（岩崎書店）など著書多数。

イラストレーター　大野 直人（おおの なおと）《エヌノート》

1976年生まれ。富山県在住。広告デザイン会社勤務を経て、2002年よりイラストレーターに。イラストやマンガなどを中心に活躍。アニメ『ダンカイカレー中辛』（テレビ埼玉／2009〜2010年放送）を手がけ、著書に『聞いてくれよバニー先生』（シー・エー・ピー）などがある。

編集・執筆　引田 光江（スタジオダンク)、東沢 亜紀子
デザイン　　佐藤 明日香（スタジオダンク）
校正　　　　岡野 修也

図書館版
大人になってこまらない マンガで身につく
整理整頓

初版 発行　2016年 12月
第4刷発行　2024年 5月

監　　修　　辰巳 渚
マンガ・イラスト　大野 直人
発 行 所　株式会社 金の星社
　　　　　〒111-0056 東京都台東区小島1-4-3
　　　　　電話 03-3861-1861（代表）
　　　　　FAX 03-3861-1507
　　　　　振替 00100-0-64678
　　　　　https://www.kinnohoshi.co.jp

印刷・製本　図書印刷 株式会社

144P　21.6cm　NDC379　ISBN978-4-323-05331-8
©Nagisa Tatsumi,Naoto Ohno,Studio dunk 2016
Published by KIN-NO-HOSHI SHA Co.,Ltd, Tokyo Japan

乱丁落丁本は、ご面倒ですが、小社販売部宛にご送付ください。
送料小社負担にてお取り替えいたします。

JCOPY　出版者著作権管理機構 委託出版物
本書の無断複写は著作権法上での例外を除き禁じられています。複写される場合は、そのつど事前に出版者著作権管理機構（電話 03-5244-5088、FAX 03-5244-5089、e-mail: info@jcopy.or.jp）の許諾を得てください。
※本書を代行業者等の第三者に依頼してスキャンやデジタル化することは、たとえ個人や家庭内での利用でも著作権法違反となります。

図書館版 大人になってこまらない マンガで身につく シリーズ

第1期 全2巻
- NDC379
- A5判／144ページ
- 図書館用堅牢製本

ユーモアあふれるマンガを読んで、生活に必要な技術や考える力、心がまえが身につけられる、子ども向けの実用書シリーズ。

図書館版 大人になってこまらない マンガで身につく
整理整頓
監修 辰巳 渚（生活哲学家）

図書館版 大人になってこまらない マンガで身につく
マナーと礼儀
監修 辰巳 渚（生活哲学家）

シリーズ第2期・全2巻も大好評！

● 図書館版 大人になってこまらない マンガで身につく
自分コントロール
監修：菅原 洋平（作業療法士）

● 図書館版 大人になってこまらない マンガで身につく
友だちとのつきあい方
監修：相川 充（筑波大学人間系教授）